L'UNION FRATERNELLE

SOCIÉTÉ DE PRÉVOYANCE MUTUELLE

POUR LA CRÉATION DE PENSIONS VIAGÈRES

FONDÉE PAR

J.-F. LAMBERT, le 2 Décembre 1849

Exposition universelle 1889 : MÉDAILLE D'OR

Assemblée générale annuelle

Du 20 Novembre 1892

PRÉSIDÉE PAR M. CHEYSSON

Inspecteur général des Ponts et Chaussées

Vice-Président de la Ligue nationale de la Prévoyance et de la Mutualité

RAPPORT DE L'ANNÉE 1891

Par M. BONNARDET, Secrétaire

DISCOURS DE M. CHEYSSON

SIÈGE DE LA SOCIÉTÉ

183, Rue Saint-Denis, 183

PARIS

L'UNION FRATERNELLE

SOCIÉTÉ DE PRÉVOYANCE MUTUELLE

POUR LA CRÉATION DE PENSIONS VIAGÈRES

Fondée par **J.-F. LAMBERT**, le 2 Décembre 1849

—— ◦‡◦ ——

ASSEMBLÉE GÉNÉRALE ANNUELLE

Du 20 Novembre 1892

RÉSUMÉ DU RAPPORT DE L'ANNÉE 1891

Le capital de l'*Union Fraternelle*, au 31 décembre 1891, est de 1,696,563 fr. 30 en valeurs, composé de 14,490 francs de rente française 3 0/0, et de 3,487 obligations de chemins de fer français, dont l'intérêt est garanti par l'Etat.

Le revenu de ces rentes et obligations est de 66,795 francs par année, lequel revenu capitalisé à 4 0/0 reproduit le total de 1,669,875 francs.

Il existait en caisse, à la même époque, et en espèces réparties dans les dix fractions, la somme de. 26.688 30
laquelle ajoutée au capital en valeurs de.   1.669.875   »

donne un total de. 1.696.563 30
constituant l'actif de la Société.

Les cotisations versées pendant l'année 1891, par 1,370 sociétaires, ont atteint le chiffre de.   107.998 95

Les rentes et coupons d'obligations ont fourni un total de recettes de . . . .(1) 64.206 90

Le remboursement des obligations sorties aux tirages ont produit une somme de.   8.744 25

Soit ensemble, pour 1891, un total de recettes de. 180.950 10

Les dépenses pendant le même exercice se décomposent comme suit :

Pensions payées à 338 membres 76.161 80

Frais administratifs : loyer, impôts, frais de bureau, transfert d'obligations, etc. . .   4.592 05

Rachat des obligations remboursées. . .   6.528 70

Perte sur la capitalisation à 4 0/0 sur 5,190 francs de rentes aux diverses fractions. 8.068 65

Dons funéraires pour 26 décès.. . . . . .   1.300 »

TOTAL des dépenses. 96.651 20

L'excédent des recettes sur les dépenses a produit la somme de. 84.298 90

à ajouter au capital au 31 décembre 1890 qui s'élevait à. 1.612.264 40

donne ensemble un total de. 1.696.563 30

figurant sur les livres comme capital au 31 décembre 1891.

L'examen de ces chiffres doit donner une bonne impression sur la marche progressive de l'*Union Frater-*

(1) Montant des arrérages encaissés au 31 décembre 1891. Reste 2,588 fr. 10 à encaisser.

nelle, ainsi que sur son bon fonctionnement financier et sur les garanties sûres du placement de ses capitaux.

Le Rapporteur, laissant à l'honorable M. Cheysson, président de l'Assemblée, le soin de développer les bienfaits de la mutualité, examine la constitution de l'*Union Fraternelle* et les ressources offertes à ses sociétaires.

Il rappelle que, un versement minimum de 40 francs, soit une année de cotisations, est productif de pension. Il n'y a de déchéance que pour le sociétaire dont les versements sont restés au-dessous de 40 francs.

Le Rapporteur signale les avantages que donne l'*Union Fraternelle* par son administration et sa gestion faites, gratuitement, par les sociétaires eux-mêmes.

Le rapport fait remarquer aussi la sûreté offerte par le placement des capitaux en rente sur l'Etat et en obligations de chemins de fer garanties par l'Etat, ce qui rassure entièrement les sociétaires pour le paiement futur de leurs pensions.

Le Rapporteur fait ensuite l'historique de l'*Union Fraternelle*, qui compte actuellement quarante-trois années d'existence. Sa marche, quoique peu bruyante, progresse d'une façon constante et régulière. Le montant de pensions payées, depuis la fondation de l'*Union Fraternelle* jusqu'à fin décembre 1891, s'élève à 1 million 58,051 fr. 90.

Le Rapporteur termine en invitant les personnes présentes, non sociétaires, à se faire inscrire pour profiter des bienfaits de l'institution. Il dit que faire cette invitation, c'est faire œuvre de bon socialisme et de fraternité, et il espère que l'*Union Fraternelle* aura bientôt le plaisir et le bonheur de compter ces invités parmi ses sociétaires.

DISCOURS DE M. CHEYSSON

MESDAMES, MESSIEURS,

Lorsque votre Conseil est venu me proposer de présider, cette année encore, votre séance annuelle, j'ai commencé par décliner cette invitation, quoique j'en sentisse tout le prix. Je lui représentai que, s'il convenait de garder pour ainsi dire immuable le président de la Société, — surtout lorsqu'on a la bonne fortune d'en avoir un du mérite et du dévouement de l'honorable M. Hénault (*Applaudissements*), — il était, au contraire, prudent de renouveler tous les ans le président d'occasion. Vous savez le mot du fabuliste :

L'ennui naquit un jour de l'uniformité.

Il dit encore ailleurs :

Nous voulons du nouveau, n'en fût-il plus au monde.

Il me semblait donc que, à côté du président qui reste, il fallait un président qui passe : l'un qui incarnait la tradition et l'autre, pour ainsi dire, la nouveauté et la curiosité d'un jour.

Tels étaient mes motifs, et je les crois encore valables. Mais ils n'ont pas prévalu contre l'aimable obstination de votre Conseil. Il a fait auprès de moi de telles instances que j'ai fini par céder; de sorte que me voici aujourd'hui récidiviste malgré moi. Si j'ai eu tort, je m'en lave les mains; vous n'aurez à vous en prendre qu'à votre Conseil. Je dirai plus : vous vous en prendrez aussi à vous-mêmes, parce que vous m'avez fait, l'année dernière, un accueil tellement bienveillant que j'avais à cœur de me retrouver encore une fois en face de vous pour vous remercier et pour m'associer aux travaux d'une réunion aussi brillante que sympathique. (*Applaudissements.*)

Je vous retrouve tels que l'année dernière. Votre Société a continué sa vie normale. Les cotisations ont été encaissées, les pensions servies; chacun a fait son devoir au poste qui lui était assigné; les services ont fonctionné avec une exacte régularité; la machine n'a pas eu d'à-coup. Comme les peuples, heureuses les Sociétés qui n'ont pas d'histoire!

Et cependant, il s'est passé, depuis l'année dernière, un fait considérable qui a eu un profond retentissement au dehors et au dedans, qui a produit une vive émotion dans le monde de la mutualité et qui vous atteint vous-mêmes très directement. Ce fait c'est que, le 15 juin de cette année, la rente française perpétuelle 3 0/0 a dépassé le pair et atteint le cours le 100 fr. 45. Depuis lors, elle en est restée voisine, quoique un peu au-dessous, et hier encore on cotait, comme on dit à la Bourse, 99 fr. 50.

Ce fait est un grand événement. Il atteste d'abord, pour les amis comme pour les ennemis de la France au dehors, notre relèvement financier, puisque nous avons pu supporter sans fléchir le poids si lourd de nos impôts et que nous avons, impunément pour notre crédit, donné sans compter notre or à la défense nationale, en attendant que nous ayons à lui donner notre sang le jour où la Patrie le réclamerait. (*Applaudissements.*)

Outre ce premier aspect de la question, la baisse de l'intérêt est encore grosse de conséquences de premier ordre. Je serais entraîné beaucoup trop loin si je voulais, je ne dirai pas les analyser, mais simplement les dérouler devant vous. Je n'en retiendrai donc qu'une seule, celle qui nous touche très directement : son influence sur la constitution des pensions de retraite.

Cette influence est fâcheuse, et vous le savez déjà. Voici des chiffres qui la mesurent. Supposez quelqu'un d'entre vous faisant à la Caisse nationale de la vieillesse pendant 30 ans, de 25 à 55 ans, des versements annuels de 50 francs. A l'âge de 55 ans, ces versements lui auront produit une pension qui variera suivant le taux de l'intérêt.

Si ce taux est de 5 0/0, la pension ainsi acquise à 55 ans

sera de 410 francs; si le taux est de 4 0/0, la pension sera de 310 francs; enfin, si le taux est de 3 0/0, elle ne sera plus que de 230 francs. Pour le même sacrifice annuel pendant la même période de 30 ans, il y aura ainsi une chute, qui sera de 25 0/0 entre le taux de 5 0/0 et celui de 4 0/0, et de 42 0/0 entre le taux de 5 0/0 et celui de 3 0/0.

Cela fait beaucoup de chiffres pour un auditoire en partie féminin, mais ils vous touchent de si près que vous m'excuserez de ne pas vous en avoir épargné l'aridité. Nous n'en sommes pas à 3 0/0, mais, actuellement, le taux officiel servi par la Caisse nationale de la vieillesse pour les pensions de retraite est de 3 1/2 0/0.

Voici à la suite de quelle évolution on est arrivé à cette fixation annuelle du taux de l'intérêt servi par cette caisse. Vous savez que toutes les institutions d'assurance ou de prévoyance à long terme, comme la vôtre, reposent sur deux bases : la table de mortalité et le taux d'intérêt. Celles de la Caisse nationale de la vieillesse sont, en vertu de la loi du 10 juin 1850 : la table de Deparcieux et le taux d'intérêt de 5 0/0. Le 28 mars 1853, ce taux a été réduit à 4 1/2 0/0. Il a été relevé, après nos malheurs, par la loi du 20 décembre 1872 à 5 0/0. Enfin, il a été encore ramené à 4 1/2 0/0 par la loi du 29 décembre 1882.

Pendant cette période d'un tiers de siècle, vous constatez que le taux d'intérêt avait peu varié et qu'il était demeuré aux environs de 5 0/0. Mais on s'était aperçu que cette inflexibilité du taux d'intérêt avait un très fâcheux contre-coup sur les opérations de la caisse de la vieillesse. Lorsque l'écart s'accentuait entre ce taux officiel et le taux réel du marché, on voyait affluer à la caisse une foule de clients pour lesquels elle n'est pas faite et qui venaient en quelque sorte spéculer sur cet écart. De là de grandes préoccupations de la part des financiers, des administrateurs de la caisse qui essayaient d'en rendre plus difficiles les accès pour en écarter le public. Au lieu qu'en général une institution, comme la vôtre, ouvre ses portes toutes grandes et n'est jamais si heureuse que quand elle les voit encombrées, celle-là, au contraire, avait peur d'être trop connue et décourageait en quelque sorte sa clientèle, parce que, en effet, chaque client nouveau était pour elle une nouvelle source de pertes.

Aussi, après de très longues discussions qui ont eu lieu devant les Chambres et qui ont éclairé d'une vive lumière cette question, a-t-on reconnu qu'il ne fallait pas demander à ces caisses de servir un taux supérieur au cours réel du marché ; que ces caisses étaient des organes de drainage et d'administration, mais non pas de création de capitaux ; qu'elles devaient restituer le revenu qu'elles recevaient, rien de plus, rien de moins, et que si on leur demandait davantage, il faudrait bien qu'elles prissent l'excédent quelque part, c'est-à-dire dans la poche du contribuable. On est donc arrivé à déserter cette ancienne formule de la fixité légale du taux de l'intérêt pour le rendre désormais annuel et le soumettre au régime du décret.

Ce principe est consacré dans la loi du 20 juillet 1886, dont l'article 12 déclare que, tous les ans, un décret du Président de la République fixera, au mois de décembre, le taux que servira l'année suivante la Caisse nationale de la vieillesse, en s'inspirant du taux réel des capitaux.

C'est en vertu de cet article 12 de la loi du 20 juillet 1886, qu'à partir de cette date un décret annuel du Président de la République a fixé le taux qui serait servi aux clients de la caisse. Il a été, jusqu'à l'année dernière, de 4 0/0. Mais, petit à petit, à mesure que la baisse de l'intérêt s'accentuait, l'écart entre ce taux et le taux réel devenait lui-même plus grand, si bien que la Commission supérieure de surveillance, sonnant l'alarme, a demandé très formellement l'année dernière que l'on abaissât ce taux au-dessous de 4 0/0.

Cette demande a été entendue et le décret du 27 décembre 1891, a fixé le taux d'intérêt à 3 1/2 0/0 à partir du 1er janvier de la présente année.

Ce décret a vivement ému les mutualistes, parce qu'il venait aggraver, comme je vous l'expliquais tout à l'heure, les difficultés d'acquérir la pension de retraite. Aussi, quelques-uns d'entre eux et des plus en évidence, se sont-ils faits les promoteurs d'une campagne de pétitionnement pour demander aux Chambres et aux Conseils généraux, l'abrogation de ce décret et son remplacement par une disposition légale, qui désormais mettrait à l'abri de toute variation le taux d'intérêt servi aux caisses de retraite des sociétés de secours mutuels.

La Ligue nationale de la prévoyance et de la mutualité, saisie de la question, n'a pas cru pouvoir suivre sur ce terrain les auteurs du pétitionnement, et, malgré son ardent dévouement, que personne ne saurait mettre en doute, pour les sociétés de secours mutuels, je dirai même, au contraire, en vertu de ce dévouement, elle a cru devoir les prémunir contre des demandes qui ne faisaient rien moins que heurter la nature des choses, et méconnaître les nécessités économiques. Elle a conclu, par l'organe autorisé de M. Audiffred, à l'allocation d'une subvention spéciale, qui pourrait, pour les pensions les plus modestes, conjurer en partie les effets de la baisse du taux de l'intérêt.

Cette solution modérée, raisonnable, pratique, a été précisément adoptée par le quatrième Congrès national des sociétés de secours mutuels qui vient de se tenir à Bordeaux, à la date du 25 septembre dernier. A la suite d'un débat très animé, où les deux thèses ont été soutenues avec beaucoup d'éclat et de talent, le Congrès a conclu à demander au Parlement une subvention qui serait employée au service de pensions de retraite de sociétés de secours mutuels pour combler le déficit causé par les diminutions successives du taux de l'intérêt. C'était la conclusion même déjà soutenue par la Ligue de la prévoyance et de la mutualité.

Vous n'avez pas pris part à cette campagne; car vous ne demandez rien à l'Etat. Dans un temps et dans un pays où chacun se tourne volontiers vers lui pour l'implorer dans tous ses besoins, vous avez donné un grand exemple auquel je rendais hommage déjà l'année dernière : c'est celui de vous suffire à vous-même, de *far da se*, comme disent les Italiens. Vous avez pensé qu'il suffisait à un père de famille, vraiment digne de ce nom, d'avoir la conscience de son devoir pour qu'il pût songer à son avenir, à celui de sa femme et de ses enfants, sans y être contraint, comme en Allemagne, par un gendarme le prenant au collet ou encore par un percepteur qui lui enverrait des papiers jaunes ou bleus avec menace de garnisaire et de saisie. Pendant que l'on calomnie l'initiative privée en affirmant bien haut son impuissance, pour la supplanter, vous, vous avez répondu par le fait, vous avez opposé votre propre exemple et vous avez démontré le mouvement en marchant. (*Applaudissements.*)

Vous avez fait plus encore et vous avez cru pouvoir vous passer de ces subventions de l'Etat, qui, sous forme de libéralités gratuites, sont en réalité onéreuses, car elles représentent pour les sociétés qui les obtiennent la rançon de leur liberté. (*Applaudissements.*)

Vous êtes donc restés étrangers à cette campagne en faveur de la fixation légale du taux de l'intérêt. Et cependant vous êtes atteints comme tout le monde par ce grand fait économique, par ce phénomène pour ainsi dire inéluctable; et vous l'êtes d'autant plus que votre Société s'est servie et a dû se servir d'une table de mortalité qui lui est défavorable.

Vous savez ce que c'est qu'une table de mortalité. On suppose un million de personnes qui entrent dans la carrière au même âge, par exemple à 15 ans, et on les suit d'année en année en dénombrant les survivants, dont les rangs s'éclaircissent par les vides qu'y produit incessamment la mort. A 16 ans, le million ne sera déjà plus intact; son effectif diminuera de plus en plus les années suivantes, jusqu'à ce que la dernière promotion soit absolument éteinte. En rapprochant la série de ces promotions successives, on arrive ainsi à constituer ce qu'on appelle la « table de mortalité. »

Cette table est indispensable pour asseoir avec sécurité une institution d'assurances. Or, jusqu'à ces dernières années, on ne disposait, pour ces institutions, que de deux tables : celle de Deparcieux et celle de Duvillard.

La table de Deparcieux date de 1746, et encore avait-elle été faite sur des têtes réunies en tontines de 1689 à 1696, c'est-à-dire sur des faits se rapportant à la fin du xviie siècle. La table de Duvillard, publiée en 1806, a été dressée à l'aide d'un petit nombre de têtes : 100,000 seulement, ce qui est une base bien étroite pour une table de mortalité, et encore ces têtes vivaient-elles avant 1789. Rien d'étonnant à ce que des tables ainsi construites soient en désaccord avec la réalité; mais ce qui est plus surprenant encore, c'est qu'elles aient pu rester en vigueur jusqu'à ces derniers temps.

Ces deux tables étaient simultanément appliquées par les compagnies d'assurances, suivant qu'il s'agissait d'assurance en cas de décès ou d'assurance en cas de vie. La table de Duvillard a une mortalité excessivement rapide; elle fait mourir les gens très vite, et, par conséquent, elle est avantageuse aux compagnies quand elles font des contrats en cas de décès. La table de Deparcieux, au contraire, a une mortalité plus lente que celle de Duvillard et les compagnies avaient avantage à l'appliquer aux opérations semblables à celles de votre Société, c'est-à-dire aux assurances en cas de vie, aux rentes viagères. Depuis lors, voyant que, décidément, ces tables étaient trop inexactes, ces compagnies en ont dressé deux nouvelles à l'aide de leur longue expérience, l'une en cas de décès, qu'on appelle la table des assurés français (A. F.), et l'autre, en cas de vie, des rentiers français (R. F.). La première table, pour les assurances en cas de décès, est plus rapide que la seconde table pour les assurances en cas de vie, bien que cette seconde table soit elle-même plus lente que celle de Deparcieux (1).

En résumé, le principe général pour ce genre d'opérations, c'est de réserver les tables à mortalité lente aux opérations de rentes viagères comme les vôtres, et, au contraire, la mortalité rapide aux opérations, où au lieu d'assurer pour soi-même une rente durant sa vie, on assure à ses héritiers un capital

____

(1) Si l'on suppose 1 million de personnes à 15 ans, il en resterait à 40 ans :

D'après la table Duvillard	657.540
— Deparcieux	774.767
— A. F.	803.986
— R. F.	841.839

Le nombre des morts entre 15 et 40 ans aurait donc varié, suivant les tables, entre 342,461 pour la plus rapide et 158,161 pour la plus lente, c'est-à-dire dans la proportion de plus du simple au double (1 à 2,17). On comprend quelle influence de pareils écarts peuvent avoir sur les tarifs et sur les pensions.

au moment de sa mort. C'est donc d'une table à mortalité lente que vous aviez besoin pour asseoir vos calculs.

Or quelle est la table dont s'est servi votre fondateur? M. Lambert, qui était un précurseur, un homme de premier ordre, ayant pour ainsi dire le génie de ces institutions, — je l'ai dit et je le répète encore tout haut, pour rendre hommage à sa mémoire, — M. Lambert s'adressa à l'autorité, en 1845, et M. Bailly, qui était alors directeur de la dette inscrite, lui imposa le taux de 4 0/0 et la table de Duvillard. M. Lambert, ayant le pressentiment que la table de Duvillard avait une mortalité trop rapide, lui apporta quelques légers tempéraments, mais sa correction instinctive, dont il faut lui savoir gré, est tout à fait insuffisante.

En somme les calculs de M. Lambert reposent sur deux bases, dont l'une, celle de Duvillard est défavorable à votre Société, puisqu'elle suppose une mortalité supérieure à la réalité, tandis que l'autre base, l'intérêt à 4 0/0, était au-dessous du taux réel et constituait dès lors d'importants bonis annuels. Or, à cette époque, il ne semblait pas que jamais ce taux de 4 0/0 put être atteint; on vivait sous le régime de l'intérêt à 5 0/0. C'était le taux qui était écrit dans la loi pour l'intérêt légal et pour l'intérêt conventionnel en matière civile; c'était celui auquel on plaçait son argent chez les notaires. Il avait aux yeux du public le caractère d'une sorte de dogme, de sorte que l'intérêt de 4 0/0 laissait une marge importante, qui faisait à la prévoyance une part en apparence excessive.

Depuis lors, les événements ont déjoué ces prévisions; le taux d'intérêt est tombé à 3 0/0, comme je vous le rappelais tout à l'heure, et, dès lors, les deux bases de vos calculs, au lieu d'être divergentes et de se corriger, comme au début, convergent aujourd'hui ou plutôt conspirent contre vous. Votre taux d'intérêt est trop fort et votre taux de mortalité trop rapide, double assaut contre vos pensions.

Heureusement, et c'est là qu'éclate la prévoyance de vos statuts, ils ont mis le remède à côté du mal : c'est cet inventaire quinquennal qui vous permet de savoir toujours où vous en êtes, et, par conséquent, de prendre à temps les mesures que la situation comporte. J'en proclamais, déjà l'année dernière, l'originalité et les bienfaits, et je les célèbre de nouveau, d'autant plus volontiers aujourd'hui, que la baisse de l'intérêt en fait mieux éclater la sagesse.

Je n'ai rien trouvé de semblable dans notre pays, et nos efforts doivent tendre à l'introduire dans nos institutions de prévoyance. En Angleterre, l'act du 11 août 1875 l'impose par son article 14 aux sociétés de secours mutuels enregistrées (*friendly Societies*). En Autriche, la loi du 28 juillet 1889 sur les *Associations fraternelles de mineurs*, les *Bruderladen*, contient un certain article 35 que l'on dirait calqué sur votre art. 47 : « Les caisses de pensions des *Associations fraternelles* (vous voyez que, jusqu'au nom, tout ici peut faire illusion) doivent veiller à remplir leurs obligations conformément aux principes techniques des assurances, et produire une justification à cet effet, de cinq ans en cinq ans. » Ainsi l'Anglerre, en 1875, pour ses *friendly Societies*, l'Autriche, en 1889, pour ses *Bruderladeen*, ont adopté la disposition qui vous régit depuis 1849, et dont vous avez été les précurseurs.

L'article 35 de la loi autrichienne ajoute qu'il faudra, dans le bilan, faire figurer à l'actif le montant des recettes à recouvrer et les fonds existants, et au passif le *montant des obligations liquides ou éventuelles*. C'est encore ainsi que vous procédez.

Dans le cas où cet inventaire quinquennal ferait apparaître un déficit, la loi autrichienne indique deux remèdes : *réduire les pensions* ou *élever les cotisations*, de manière à ramener l'équilibre.

De ces deux moyens, c'est le premier que vous avez adopté : à chaque inventaire quinquennal vous appréciez le déficit, s'il existe, et vous en concluez la réduction à apporter aux pensions. C'est ainsi que, depuis 1889 et jusqu'à 1894, vos pensions sont frappées d'une réduction de 5 0/0.

Mais peut-être auriez-vous également intérêt à examiner l'autre moyen, c'est-à-dire de relever assez les cotisations pour ne pas réduire le taux des pensions. Ceux d'entre vous qui ont eu l'ambition d'atteindre 1,200 fr. de retraite ne seraient peut-être pas fâchés, au prix de petits suppléments de cotisation, de garder ce taux intact, au lieu de le voir laissé à la merci de la baisse du taux de l'intérêt. C'est là une question à étudier.

En voici une autre qui me paraît également très digne d'attention. Etant donnée la brusque variation du taux de l'intérêt, une période de cinq ans me semble bien longue pour l'intervalle entre deux inventaires. En cinq ans, les faits se précipitent et peut-être, aujourd'hui (telle est ma conviction, au moins instinctive) le rabais de 5 0/0 dont vos pensions sont frappées est-il insuffisant, et donnez-vous à vos pensionnés actuels plus qu'ils ne devraient toucher, par conséquent au détriment des pensionnés futurs.

Pour remédier à cet inconvénient, il faudrait, comme le demande mon ami M. Prosper Laffitte dans la savante étude qu'il vous a consacrée, procéder à un inventaire, non plus quinquennal, mais annuel, et je crois que c'est, en effet, le moyen scientifique le plus infaillible. Mais je ne me dissimule pas qu'il entraînerait de gros frais de comptabilité, et vous êtes, je vous en félicite, très ménagers des deniers de la Société pour les frais généraux. Peut-être alors, pourrait-on voir — je ne garantis pas la valeur du moyen, je me borne à l'indiquer — s'il ne suffirait pas, entre deux inventaires quinquennaux, de faire varier le rabais sur vos pensions en partant de la variation du taux de l'intérêt, telle que l'accuse tous les ans le décret qui fixe le taux de l'intérêt pour la Caisse nationale de la vieillesse. En un mot, on continuerait à ne faire des inventaires que tous les cinq ans ; mais, dans l'intervalle, s'il survenait une variation du taux de l'intérêt, vous réagiriez sur le taux de la pension d'après cette variation elle-même, sans recommencer toutes ces opérations si longues et si coûteuses.

C'est encore, Messieurs, une étude à faire, et je crois que, pour la mener à bien, vous devriez vous adresser au concours de ces « actuaires », sans lesquels on ne peut pas toucher à ces questions, sous peine de faire fausse route et de se préparer pour l'avenir des mécomptes et des embarras. La mutualité a des règles techniques, dont on ne peut pas s'écarter impunément, et elle a des spécialistes comme la chimie, l'astronomie et la mécanique ont les leurs. Ces spécialistes, ce sont précisément les actuaires, qui ont fait une étude approfondie de toutes les questions relatives aux tables de mortalité, aux tontines et aux probabilités, en un mot aux calculs des pensions à longue échéance.

Pour faciliter vos études sur les points que je vous ai signalés, je crois pouvoir vous assurer que la Ligue nationale de la Prévoyance et de la Mutualité mettra volontiers son comité technique à votre disposition avec les savants actuaires qu'il renferme.

Que vous le fassiez annuellement ou que vous le corrigiez ainsi que je viens de le dire, votre inventaire périodique est une garantie très précieuse, une particularité des plus honorables qui vous distingue de toutes les autres sociétés, et je vous en félicite de nouveau de très grand cœur.

Votre société est en excellente voie ; tout son mécanisme est bien agencé et fonctionne à merveille ; elle a déjà fait ses preuves depuis près d'un demi-siècle. Vous pouvez donc avoir toute confiance dans l'avenir, et certainement le navire qui vous porte continuera à mener à bon port toutes vos espérances, comme il l'a fait jusqu'ici.

Je ne voudrais pas vous laisser sur une impression attristée à cause de la baisse du taux de l'intérêt dont je viens de vous entretenir. Oui, cette baisse entraîne des inconvénients pour la constitution des retraites ; mais elle a aussi d'amples compensations sur la situation du travailleur, de l'ouvrier et de l'employé. C'est au premier chef, comme on l'a dit, un phénomène « démocratique ». Elle restreint la part du capital, au profit de celle du travail. Par cette double action qui, d'une part, réduit le profit du capital et abaisse le prix des objets nécessaires à la vie et, de l'autre, augmente le taux des salaires, elle contribue à l'amélioration des petits budgets et à la facilité de l'épargne.

Favorable aux travailleurs, elle n'est dure que pour les oisifs, pour les rentiers, dont elle ronge incessamment les revenus. Les personnes qui vivent de leurs rentes voient leur situation s'amoindrir sans cesse par cette baisse du taux de l'intérêt, et elles ne peuvent la maintenir qu'à la condition de subir la loi du travail. Quiconque veut échapper à cette loi suprême en est puni par la déchéance.

Cette baisse de l'intérêt contribue donc au nivellement de la société et à ce brassage énergique qui fait sans cesse retomber dans les bas fonds les individualités défaillantes et au contraire émerger les hommes dotés de vigueur morale et physique.

Elle peut encore rendre de grands services au point de vue de l'habitation. Si le taux de l'argent tombe de 6 à 4 ou à 3 0/0, celui des loyers devra forcément, à la longue, subir une réduction proportionnelle, et l'économie que le locataire réalisera ainsi sur son loyer sera largement suffisante pour couvrir le supplément de cotisation qui maintiendrait le taux de la pension (1).

Si au lieu d'une simple location, l'on veut arriver à la propriété de sa maison, de son foyer, de ce que les anglais appellent le *home*, la baisse de l'intérêt facilite l'accomplissement de ce désir, qui serait presque un rêve avec un intérêt élevé, tandis qu'il devient réalisable avec de l'argent à 3 0/0 et même à 2 1/2 0/0, comme en Belgique, d'après la loi du 9 août 1889.

Il y a dans ce pays et ailleurs des exemples extrêmement remarquables dont je ne puis pas vous donner ici le détail (2), mais qui me permettent d'affirmer avec une absolue conviction qu'il ne s'agit pas là d'une utopie ou d'une chimère, mais d'une belle et bonne réalité, digne d'éveiller vos sympathies et d'être proposée comme but à vos efforts.

Enfin vous pourriez encore profiter de cette baisse du taux de l'intérêt qui laisse en ce moment une certaine supériorité aux placements immobiliers, et imiter les compagnies d'assurances qui mettent une partie de leurs fonds en immeubles. Vous avez modifié en 1881 l'article 40 de vos statuts, de manière à vous donner le droit de faire de tels placements. Je ne saurais trop vous engager à en user.

En résumé, si vous savez ainsi utiliser la baisse de l'intérêt

(1) Si un logement revient à 4,000 francs en capital, une réduction de 2 0/0 sur le taux de l'intérêt équivaut à 80 francs d'économie annuelle sur le loyer. Or, on voit dans les tableaux annexés aux statuts de l'*Union Fraternelle*, qu'avec un versement annuel de 72 fr. à partir de 30 ans (correspondant à deux actions de 36 fr.) on se procure à 55 ans une pension de 408 fr. 88.

(2) Voir le *Foyer coopératif*, par M. E. Cheysson, 1892 (librairie Masson).

pour placer votre capital social, ou pour acquérir vous-mêmes
la propriété de votre maison personnelle, ce grand phénomène
économique aura ainsi pour vous des bienfaits très supérieurs
à sa répercussion sur la constitution des retraites. Vous con-
naissez tous la grandeur morale de la famille ; c'est la source
à laquelle on puise toujours les inspirations les plus pures et
les plus fécondes. C'est donc de ce côté qu'il faut s'orienter,
quand on veut avoir la clef des questions qui sont à la fois
l'angoisse et le danger de notre époque. Rien ne vaut comme
force morale le culte et la possession du foyer domestique, ce
centre béni d'où rayonnent toutes les bonnes influences. En-
visagée à ce point de vue, la baisse de l'intérêt, loin de méri-
ter les anathèmes des mutualistes, apparaîtra, au contraire,
comme faisant œuvre de progrès démocratique et de paix so-
ciale.

Je m'arrête ici, ayant peur d'avoir trop longtemps abusé de
votre patience. Mais, avant de me rasseoir, j'ai deux devoirs
à remplir : le premier c'est, comme le faisait tout à l'heure
M. le Rapporteur du Conseil, de vous inviter à entrer de
plus en plus nombreux dans les rangs de cette belle institution qui vous offre tant de garanties et qui a si brillamment
affirmé sa vitalité par un succès continu de près d'un demi-
siècle.

Mon second devoir est de remercier le Conseil de l'hon-
neur qu'il m'a fait en m'appelant à cette présidence, et
vous-mêmes, Mesdames et Messieurs, de votre bienveillant
accueil dont j'emporterai le plus reconnaissant souvenir.
(Vifs applaudissements.)

M. V. Hénault, président de l'*Union Fraternelle*, se
fait l'interprète de l'Assemblée, en offrant ses plus cha-
leureuses félicitations à M. Cheysson, pour le remar-
quable et très instructif discours qu'il vient de prononcer.

(Sténographié par Duployé (Gustave), 36, rue de Rivoli.)

Paris. — Imp. J. Montorier, 16, passage des Petites-Écuries.

AVIS

POUR LES ADHÉSIONS, S'ADRESSER AU SIÈGE DE LA SOCIÉTÉ

183, Rue Saint-Denis, PARIS

1re et 14e FRACTIONS, le 4e dimanche de chaque mois, de 1 à 3 heures.

2e et 15e FRACTIONS, le 2e dimanche de chaque mois, de 1 à 3 heures.

10e et 7e FRACTIONS, le 3e dimanche de chaque mois, de 2 à 4 heures.

11e FRACTION, le 3e dimanche de chaque mois, de 1 à 3 h.

Paris. — Imp. J. Montorier, 16, passage des Petites-Écuries.

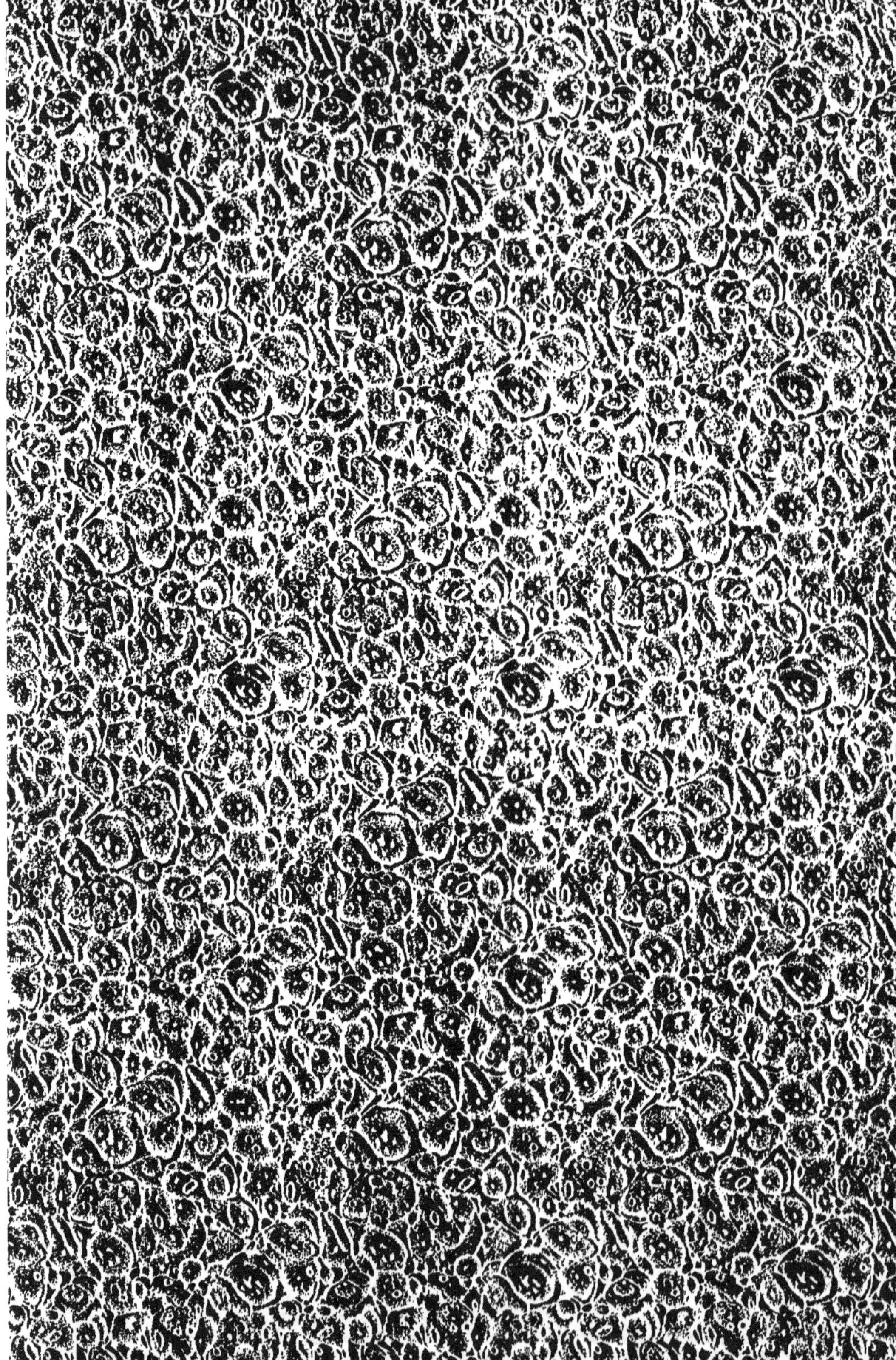